AF259763

AFFAIRE

LARDEUR ET BIANCHI.

OBSERVATION IMPORTANTE.

Les numeros renvoient aux notes qui se trouvent à la suite des proces-verbaux des temoins.

Ces notes doivent être lues à la suite des chiffres qui y correspondent.

Le défant d'accents dans cette petite brochure doit être attribué à l'impossibilité où s'est trouvé l'imprimeur de se procurer une quantité suffisante de caractères Français.

AFFAIRE LARDEUR ET BIANCHI.

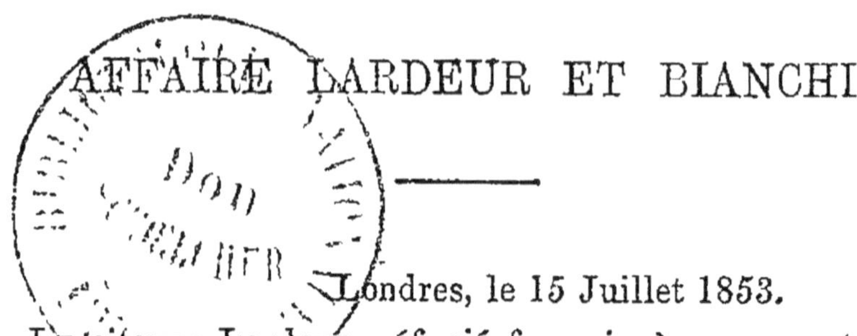

Londres, le 15 Juillet 1853.

Le citoyen Lardeur, réfugié français, à ses compatriotes de la proscription, amis et ennemis.

Où en est l'affaire Lardeur et Bianchi ?

Telle est la question qui, durant ces quinze derniers jours, a été faite et répétée sur tous les tons par la proscription.

Ce n'est point à mon importance qu'est dû l'interêt que la plupart des Français réfugiés à Londres ont paru attacher au différent survenu entre M. Bianchi et moi, c'est à la position seule de celui-là qu'il faut l'attribuer.

En effet que suis-je ? Rien, ou très peu de chose : un simple soldat de la démocratie, et qui ne peut pas même se flatter d'étre proscrit de Décembre.

Qu'est au contraire M. Bianchi ? Un homme important, qui a joué un certain rôle dans la politique avant le Coup-d'Etat, un ancien conseiller-général du Nord, un ex-conseiller-municipal de Lille, etc., etc., et qui actuellement encore remplit les fonctions de suppléant du Citoyen Caussidière au comité de la société la *Commune révolutionnaire*, établie à Londres.

Il n'est donc pas étonnant qu'on se soit tant préoccupé de cette affaire à laquelle d'ailleurs M. Bianchi et ses amis ont cherché à donner le plus d'éclat possible.

Je viens, en ce qui me concerne, repondre à cette question—Je me bornerai d'abord à établir simplement les faits, tels qu'il se sont passés.

Le dimanche, 26 du mois de Juin dernier, vers sept heures du soir, cédant aux instances du Citoyen Suin, qui était venu me prendre chez moi, je me rendis, accompagné des Cit. Barbelonnet, Calais, Guémony et Carter, tous ou presque tous membres de la Société la *Commune Revolution-naire,*dans un établissement public, ayant pour enseigne *aux grappes*, et où, à mon insu, se trouvait déjà M Bianchi, en compagnie de deux de ses amis, les cit. Lallemand et Massy, et du Citoyen Guillot.

Ayant appris que le cit. Bianchi se trouvait dans le cabinet où venaient d'entrer les cit. Suin, Calais, Guémony, et Carter, je voulus rester au Comptoir avec le C. Barbelonnet qui lui non plus ne paraissait pas désireux de suivre les autres.

Cependant, sur les observations de Suin, nous nous décidâmes à entrer dans le parloir où Barbelonnet et moi prîmes place, près de la porte, entre une table et la muraille ; M. Bianchi, lui, se trouvait en face de nous, adossé à la cheminée.

A peine étais-je assis, et avant même que j'eusse proféré le moindre mot, le cit. Guillot me désiguant du doigt, dit au cit. Lallemand : *Voilà l'homme dont je vous parlais.* Je n'eus pas le temps de demander de quoi il s'agissait, car Lallemand m'interpella immédiatement dans les termes suivants, "Comment se fait il, cit. Lardeur, qu'après " m'avoir engagé par l'entremise de Louveau à donner ma " démission de *la Révolution,* vous ayez cependant parlé " contre moi a *l'assembleé générale* et demandé mon expulsion " de cette société."

Je répondis à Lallemand qui si Louveau lui avait donné ce conseil , ce n'avait pu être de ma part, attendu que jamais je ne l'avais chargé de faire cette demarche. Quant à ce que j'ai pu dire contre vous au sein de la société, ajoutais-je, je suis prêt à vous le répéter—je n'ai agi ainsi que parce que vous avez déclaré n'entrer dans la *Société fraternelle,* que pour en faire expulser un membre.

Le C. Lallemand me demanda alors, pourquoi, puisque j'appartenais depuis plus de trois mois à *la Révolution,* je n'avais pas encore donné ma démission de la *Commune ré-volutionnaire,* dont j'étais aussi membre.

Je repliquai qu'il était faux d'abord que j'appartinsse à

la *révolution* depuis plus de trois mois et je niai avoir jamais fait partie de la *commune révolutionnaire*. Comme il persistait dans son assertion, je dis les paroles suivantes, avec le plus grand calme : *j'en appelle aux souvenirs du Citoyen Bianchi.* Celui ci me répondit aussitôt : *si, cela est vrai,* vous avez *signé le programme. Mensonge !* dis je,—*je n'ai jamais signé d'autre programme que celui de la Révolution,* et je n'ai même jamais vu celui de la *Commune.*

M. Bianchi, se levant me répéta tres durement : *je vous dis que vous faites partie de la Commune.* Je lui répondis une seconde fois *Mensonge !*—et aussitôt, se précipitant sur moi, il me donna un *Soufflet.*

Aux yeux des personnes presentes le mot *Mensonge !* ne s'adressait nullement à M. Bianchi, mais bien à son assertion que j'avais le droit d'estimer mensongère ainsi qu'on le verra tout à l'heure.

Inutile d'ajouter que je ne rendis pas le soufflet. Il m'eût été impossible de parvenir jusqu'à M. Bianchi, à cause des personnes qui se trouvaient entre lui et moi ; d'ailleurs, n'ayant pas comme mon insulteur *l'habitude du pugilat,* je voulais vider ma querelle d'une manière plus honorable.

M. Bianchi ne se contenta pas de cette insulte grossière ; attribuant ma modération à la crainte, il me dit, au moment où je le menaçais d'en obtenir réparation. *Vous recevez si facilement les soufflets.*

Le cit. Guillot, indigné de ces paroles qui étaient une nouvelle provocation, se leva aussitôt et s'adressant à M. Bianchi—il lui dit : "C'est une lâcheté de votre part " d'avoir donné ce soufflet, si vous saviez que Lardeur ne " dût pas vous le rendre."

Mr. Bianchi parut vouloir se fâcher des paroles du cit. Guillot ;—mais les interpellations qui arrivaient de toutes parts au sujet de l'acte brutal dont j'avais été la victime mirent fin à cet incident, qui pouvait amener un conflit beaucoup plus grave encore.

C'est alors que je prononcai, au milieu du bruit, ces mots dont M. Bianchi a cherché à tirer un si grand parti pour les besoins de sa cause.

4

" Ce n'est point à moi que vous avez voulu donner le
" soufflet, c'est à la *révolution*, dont je suis membre ; mais,
" je le prends pour moi et vous le renverrai."

M. Bianchi me répondit. C'est bien à vous que j'ai
voulu donner le soufflet, et non à la *Révolution*.

Il est faux que M. A. Bianchi ait ajouté ces mots : *dans
laquelle je compte des amis.*

Je sortis quelques instants après de l'établissement
toujours accompagné du Citoyen Suin qui, et je l'en
remercie bien sincerement, ne me quitta pas un instant
de la soirée.

Je ne pouvais rester sous le coup de l'insulte qui m'avait
été faite, et je me devais à moi même, comme je le devais à
ma famille, d'en poursuivre la juste réparation. Aussi,
des le soir même, j'avais choisi pour témoins les cit. Guillot
et Brouillard. Le Mardi 28 Juin, ces citoyens se rendi-
rent au domicile de M. Bianchi qu'ils ne trouvèrent pas
chez lui et ils le cherchèrent en vain dans plusieurs endroits
où il a l'habitude de se rendre chaque jour.

Vers le soir, le Citoyen Bianchi se rendit chez le
Citoyen Brouillard qui l'informa des démarches faites
chez lui et dans quel but. M. Bianchi repondit qu'il
acceptait mon cartel et il proposa de se battre dans une
chambre; mais, sur l'observation qui lui fut faite que de ma
vie je n'avais manié aucune espèce d'arme blanche—et que le
duel ne pouvait avoir lieu en Angleterre il demanda au
Citoyen Brouillard *si j'avais de l'argent pour le voyage.*
Quant à lui, dit il, il n'en avait pas et ne pouvait s'en procurer ; et, à l'appui de son assertion, il exhiba une lettre de
sa femme qui déclare ne pouvoir lui en envoyer maintenant.

Mes témoins devaient se rendre le lendemain chez. M.
Bianchi, pour lui remettre mon cartel, mais au moment où
je les croyais à l'œuvre, j'appris que, par suite de circonstances tout-à-fait indépendantes de sa volonté, le cit.
Brouillard se trouvait dans l'impossibilité de continuer à
rester mon témoin ; sa retraite devait entraîner celle du cit.
Guillot qui ne voulait l'être avec aucune autre personne.

Je dus donc me préoccuper du soin de les remplacer. Grâce aux mensonges jetés à propos par les partisans de M. Bianchi, je rencontrai des obstacles de tout espèce, et dont j'appris que mon adversaire faisait gorge-chaude.

Ne voulant pas lui laisser supposer que j'avais abandonné l'intention de poursuivre la réparation à laquelle j'avais droit, je lui adressai la lettre suivante :

Londres, ce 30 Juin, 1853.

Au Citoyen Bianchi,—

Des raisons particulières me forcent à remplacer les personnes qui se sont présentées deux fois chez vous dans le journée de Mardi, sans pouvoir vous y rencontrer.

C'est à cette circonstance qu'il faut attribuer le retard que j'apporte bien malgré moi à faire renouveler la démarche qui vous a été annoncée officieusement par un de mes amis.

Lardeur.

On le voit, rien ne pouvait m'arrêter, ni les clabauderies des uns, ni les rebuts des autres. Je persistais dans mon intention d'obliger mon adversaire à m'accorder la réparation de l'insulte que j'en avais reçue. Je continuai donc mes démarches et je parvins enfin à m'adjoindre deux hommes de cœur, ayant nom Lefevre et Mancel, que je savais incapables de céder à aucune influence tentée par les hommes de l'entourage Bianchi.

M. Bianchi, daigna descendre jusqu'à moi, et désigna M. Alph. Ruin et M. Jourdain pour le représenter dans cette affaire. Ces messieurs se réunirent chez l'un de mes amis, le cit. Lefèvre, les 4, 5, 6, et 8 juillet courant.

Les procès-verbaux de ces diverses entrevues prouveront mieux que tout ce que je pourrais dire que M. Bianchi était résolu tout d'abord à se refuser à toute espèce de réparation. J'enregistre ces procès-verbaux tels qu'ils m'ont été remis par mes témoins.

Le quatre Juillet, mil huit cent cinquante trois, quatre heures du soir.

Nous, Alphonse Ruin et Gustave Jourdain, témoins

choisis par le Citoyen A. Bianchi ; et nous, Hector Lefevre et Ernest Mancel, témoins choisis par le Citoyen Lardeur, avons rédigé ainsi qu'll suitles procès-verbaux de nos séances pour arriver à la solution du différent survenu entre les Citoyens Lardeur et Bianchi.

D'abord a été transcrit le pauvoir donné par le Citoyen Bianchi conçu en ces termes.

" Je declare donner aux Citoyens Jourdain et Ruin,
" mandat de me représenter pour tout ce qui concerne le
" différent survenu entre M. Lardeur et moi.

" Londres le trois Juillet mil huit cent cinquante trois.

" A. Bianchi."

Ensuite a été transcrit le pouvoir donné par le Citoyen Lardeur, conçu en ces termes.

" Je donne aux Citoyen Lefévre et Mancel pleins pouvoirs
" pour traiter avec les témoins du Citoyen Bianchi, et je
" m'engage à m'en rapporter entièrement à eux pour tout
" ce qu'ils croiront devoir faire en cette circonstance.

" Je déclare en outre accepter toutes les conditions du
" combat, telles qu'ils croiront devoir les régler—"
" Londres ce trois Juillet 1853. (1)

" Signé Lardeur."

Les citoyens Lefévre et Mancel ayant demandé aux deux témoins du Citoyen Bianchi raison du soufflet donné au Cit. Lardeur, ceux-ci ont répondu ; que ce qu'ils avaient à dire d'abord était de leur part une question preliminaire et qui ne changerait en rien la situation du Citoyen Bianchi.

Le Citoyen Jourdain demande si les citoyens Mancel et Lefèvre consentiraient encore à servir de témoin au citoyen Lardeur, s'il était prouve que ce Citoyen a fait partie de la sociéte la *Commune révolutionnaire* qu'il a écrit lui-même son nom sur la liste d'adhésion confiée au Citoyen Boulier.

Les Citoyens Mancel et Lefèvre ont répondu que si on leur montrait la signature du Citoyen Lardeur au bas d'un acte constitutif ou d'un règlement, seules pieces qui, à leurs yeux et dans l'espèce, constituent l'existence d'une société sérieuse, ce fait pourrait attenuer la gravité de l'offense dont le Citoyen Lardeur demande réparation, mais non l'effacer et qu'ils n'en continueraient pas moins à être ses témoins. Ils déclarent en outre qu'ils ne sauraient accepter comme preuves justificatives de la présence du Citoyen Lardeur au sein de la Société la Commune Révolutionnaire l'inscription de son nom sur une feuille volante, attendu que, par erreur même, on a pu faire de ce nom un usage contraire à la volonté du signataire.

Les cit. Ruin et Jourdain ont répondu que le nom du C. Lardeur ne se trouvait pas sur une feuille volante, mais que ce nom conformément au réglement avait été ecrit par le Citoyen Lardeur lui même sur une liste portant en téte, adhésion au programme du quinze oût couverte dejà de nombreuses signatures (2) Ce citoyen qui savait l'endroit où se trouvait cette liste n'a donc pu y apposer sa signature par inadvertance, et lorsqu'il nie le fait, cela ressemble singulièrement à un mensonge.

Les cit. Lèfevre et Mancel voulant mettre fin à l'incident se contentent de maintenir ce qu'ils ont dit plus haut; les cit. Ruin et Jourdain ont ensuite déclaré ce qui suit.

Il y a eu hier huit jours, le cit. Bianchi se trouvait *aux grappes* en compagnie du Citoyen Massy, le Citoyen Lardeur entra en compagnie du cit. Guillot (3) La conversation était générale et peu animée. Le Citoyen Lardeur aperçut Lallemand et lui reprocha (4) d'être entré dans la Société la *commune révolutionnaire* sans avoir au prealable donné sa démission de la société la révolution. Le Citoyen Lallemand lui répondit que le tort, s'il y en avait un, était partagé, attendu que le C. Lardeur reçu depuis peu membre de la *révolution* était depuis long temps membre de la *commune révolutionnaire*. Le Cit. Lardeur se récria et invoqua le témoignage du Cit. Bianchi qui, en ce moment ne s'occupait pas de la conversation et qui affirma le fait, à quoi Lardeur répondit par ce mot *mensonge !* Le Cit. Bianchi ajouta; c'est une parole malheureuse que vous venez de prononcer et je ne vous engage pas à la répéter. (5) Alors le Cit. Lardeur se posa en face de Bianchi et le désignant du doigt répondit pour la seconde fois *mensonge !* C'est alors que le Citoyen Bianchi lui donna un Soufflet. (6)

Les Citoyens Mancel et Lèfevre enregistrent le dire des Citoyens Jourdain et Ruin sans l'accepter ni l'infirmer attendu qu'ils ne se trouvaient pas présents et de leur côté les Cit. Jourdain et Ruin ajoutent qu'eux-mêmes n'ont pas été témoins du fait, mais que cependant ils le feront certifier au besoin par des témoins oculaires.

Renvoyé la suite à demain mardi, 6 Juillet, 3 heures de relevée.

Signé { LEFEVRE, ALPH. RUIN, G. JOURDAIN, E. MANCEL.

ENTREVUE DU CINQ, JUILLET 1853.

Les Cit. Lefevre et Mancel en reponse au dire des Citoyens Jourdain et Ruin, relativement à la manière dont s'est engagée la querelle à la suite de laquelle le Cit. Lardeur a reçu un soufflet du Cit. Bianchi, soufflet dont il demande réparation, se sont exprimés ainsi.

Le dimanche 26 Juin, 1853, le Cit. Lardeur est entré au public-house *des Grappes*, en compagnie du Citoyen Suin, (7) membre de la *Commune révolutionnaire;* à peine entré il fut interpellé par le Citoyen Lallemand qui lui reprocha de faire à la fois partie de la *Révolution* et de la *Commune révolutionnaire.* Le Citoyen Lardeur nia, et à l'appui de sa négation, invoqua le temoignage du Cit. Bianchi. Celui-ci affirma le dire de Lallemand, à quoi Lardeur répondit *Mensonge !* à la suite d'une nouvelle affirmation de Bianchi, Lardeur répondit une seeonde fois *Mensonge !* et c'est à la suite de cette seconde exclamation que le Cit. Bianchi s'oublia (8) jusqu'à donner au Citoyen Lardeur le soufflet dont il demande aujourd'hui réparation.

Ce n'est pas tout, le Cit. Bianchi aurait même ajouté ironiquement que le Cit. Lardeur recevait facilement les soufflets, (9) sur quoi un des témoins de cette scène, le Cit. Guillot se serait levé et aurait dit à Bianchi ; *vous êtes un si vous avez donné un soufflet a un homme sachant positivement qu'il ne vous serait pas rendu.*

Dans l'opinion des témoins le mot *mensonge* s'adressait non pas au Cit. Bianchi, mais uniquement à l'assertion.

De ces dires, il résulte en définitive un soufflet donné publiquement au Citoyen Lardeur par le Cit. Bianchi, soufflet dont le Cit. Lardeur demande réparation, soit au moyen *d'excuses écrites*, soit par les armes, et ce, à la volonté du Cit. Bianchi, mais en maintenant à Lardeur son droit d'insulté (10).

Les Cit. Jourdain et Ruin n'approuvent ni ne désapprouvent la généralité des allégations contenues dans la présente déclaration.

Ils pensent qu'une enquête(11) pourrait amener des allégations contraires de la part des autres témoins de la scène. Cependant ils ne peuvent accepter que le C. Bianchi se soit oublié en donnant un soufflet au Cit. Lardeur, car ce soufflet selon eux n'est pas autre chose que la répression d'une injure grossière et à brûle-pourpoint. (12)

Ils protestent aussi contre l'epithète de *lache* que le Cit. Guillot aurait adressé au Cit. Bianchi. Ce dernier a suffisamment prouvé qu'il n'acceptait pas de pareilles injures.

Si le Citoyen Bianchi a dit au Cit. Lardeur qu'il recevait facilement les soufflets, c'est que le Cit. Lardeur, au lieu de chercher à riposter, (13) lui avait dit. Ce n'est pas à moi que vous donnez un soufflet, c'est à la révolution dont je suis membre ; à quoi le Cit. Bianchi a répondu : non, ce n'est pas à la société la révolution dans laquelle je compte des amis, (14) mais c'est au Cit. Lardeur qui m'a insulté personnellement ; vous recevez facilement un soufflet. (15)

Les Cit. Lefevre et Mancel ont répondu qu'ils n'avaient pas été chargé de faire une enquête mais de demander réparation d'un soufflet donné par le Cit. Bianchi au Cit. Lardeur. Ils ajoutent que le mot *oubli* dont ils se sont servis, pour qualifier l'action de Bianchi, résultait naturellement de l'acte dont le Cit. Lardeur avait à se plaindre, et dont il venait demander réparation. Quant à l'idée prêtee au

Cit. Lardeur d'avoir voulu faire de cette querelle une affaire de parti, les Cit. Lefèvre et Mancel, protestent de toute la force de leur énergie et au nom du Cit. Lardeur contre une semblable supposition. Ils déclarent qu'ils ignorent ou du moins qu'ils veulent ignorer qu'il existe à Londres deux sociétés dont l'une s'intitule *la révolution* et l'autre la *commune révolutionnaire.* Il n'y a pour eux dans toute cette affaire qu'un soufflet do né au Citoyen Lardeur par le Cit. Bianchi ; en conséquence cette, déclaration catégorique faite, ils demandent que l'on passe immédiatement à la question principale ; c'est à dire à la réparation demandée par le Cit. Lardeur.

La seance est renvoyée à demain mercredi 6 Juillet, à 10 heures du matin, sur la demande des Cit. Jourdain et Ruin.

Ont signé { G. JOURDAIN, LEFEVRE, E. MANCEL, ALPH. RUIN.

---

6 *Juillet,* 1853.

Les CITOYENS LEFEVRE et MANCEL s'expriment ainsi,—

Vous nous avez demandé hier la remise de la discussion à aujourd'hui pour éclairer votre conscience sur la nature de la réparation que nous vous demandons au nom du Cit. Lardeur ; nous avons consenti à cette remise. L'heure est venue maintenant de s'expliquer catégoriquement. (16)

Cette réparation, ainsi que nous l'avons dit hier, peut être donnée de deux maniéres, soit au moyen d'excuses écrites, soit par une rencontre à main armee.

Acceptez-vous les excuses écrites ? Nous allons immédiatement en arrêter ensemble la rédaction.

Voulez-vous au contraire une rencontre ? Nous allons en discuter ensemble les conditions.

Les Citoyens Jourdain et Ruin ont répondu qu'ils refusaient toute excuse écrite ou verbale, parce qu'ils croyaient avoir été insultés.

Quant à la réparation par les armes, ils ont fait la déclaration suivante.

Déclaration des Cit. Jourdain et Ruin témoins du Cit. Bianchi " Considerant que le Cit. Lardeur fait partie de la *commune révolutionnaire.* Que cela résulte 1o de sa présence à des seances ainsi qu'il l'a publiquemont avoué lui même ; 2o de sa signature, apposée, conformément au règlement, à une liste portant cette entête : *commune révolutionnaire ; adhesion au programme du 15 aout et au réglement ;* 3o de l'affirmation du Cit. Bouliez, auquel le Cit. Lardeur a lui même rappelé qu'il aurait signé la liste chez lui ; 4o de la présentation faite à la société le 28 9bre par le eommission d'examen et du vote d'acceptation de la société ; 5o enfin de la radiation de son, nom, vote de 30 Juin dernier. (17)

Considerant que le 26 Juin, alors que le Cit. Lardeur faisait encore partie de la *commune révolutionnaire,* il s'est rendu contre son habitude *aux grappes* (18) où le Cit. Bianchi a l'habitude de se trouver ; que lá, sans que le Cit. Bianchi se fût mêlé à une discussion qu'il avait avec le Citoyen Lallemand, le Cit. Lardeur interpella inopinément le Cit. Bianchi en ces termes : dites-moi si je fais partie, oui ou non, de la *commune révolutionnaire ?* (19) Sur la réponse affirmative de ce dernier, le Cit. Lardeur s'écria : Mensonge ! Le Cit. Bianchi, à cette injure qui ne pouvait s'adresser qu'à lui, puisque lui seul était en cause en ce moment, rèpondit : ne répétez pas un semblable mot, je ne le souffrirai pas. Le Cit. Lardeur, loin de dire au Cit. Bianchi, l'accusation de mensonge ne s'adresse pas à vous, lui répliqua en se levant, les bras croisés en face de lui, d'un air menaçant : mensonge ! A cette évidente provocation le Cit. Bianchi dut répondre par un soufflet. La discussion ayant continué, le Cit. Lardeur dit que le Cit. Bianchi l'avait frappé paree qu'il faisait partie de la révolution ; ce n'est pas à moi que vous avez donné un soufflet, ajouta-t-il, mais à la société la révolution. Que du reste il serait un malhonnéte homme s'il maintenait son affirmation. Plus tard, il dit au cit. Ala. Philippe que quinze membres de la *Révolution* soutiendraient sa querelle. (20)

Attendu qu'il résulte de tous ces faits que le cit. Lardeur est bien le *provacateur* du cit. Bianchi ; (21) que la provocation résulte clairement de l'introduction de ce dernier par le cit. Lardeur, dans un débat auquel il était entièrement étranger

12

pour lui arracher une réponse qu'il ne pouvait s'empêcher
de faire, et à la faveur de laquelle le cit. Lardeur voulait lui
adresser une injure grossière ; (21) ce double démenti étant
d'autant plus grave, que le cit. Lardeur faisait réellement
parte de la *Commune Révolutionnaire,* ce qui ne peut être nié
en présence des faits plus haut rapportés ;

Attendu que la mise en cause par le cit. Lardeur de la
société la *Révolution* n'avait qu'un but : amener un différent
grave entre les deux Sociétés, en faisant jouer au citoyen
Bianchi le premier rôle dans cette affaire ; (22)

Attendu que, dans ces circonstances, le soufflet a été
seulement la répression naturelle et spontanée d'une provocation grossière et méditée à l'avance.

Attendu que c'est le Cit. Lardeur qui a envoyé un cartel
au Cit. Bianchi. (23)

Les témoins plus haut nommés et soussignés declarent
que le Cit. Lardeur est le provocateur, que dans l'était de
l'affaire tout négociation sera interrompue si les témoins du
Cit. Lardeur se refusent à reconnaître cepoint essentiel, sur
lequel repose tout le débat. (24)

A cette déclaration, des Citoyens Ruin et Jourdain, les
Cit. Lefevre et Mancel ont répondu ainsi qu'il suit :

La question de savoir si le Cit. Lardeur a fait partie de
la *Commune* est une question indépendante de l'offense
dont les témoins demandent réparation, et ils s'en réfèrent
à cet égard à la réponse qu'ils ont faite le quatre courant,
et qui établit de la manière le plus péremptoire que le Cit.
Lardeur n'a jamais fait partie de la société dont il s'git.
Quant à son nom, s'il l'a apposé sur une des feuilles dont il
a été parlé dans les déclaration ci-dessus ce n'est que le
résultat d'une erreur contre laquelle le Cit. Lardeur pro-
teste de tout l'énergie de sa conscience et dont on ne saurait
se targuer aujourd'hui.

L'insulte faite publiquement le 26 Juin dernier par le
Cit. Bianchi an Cit. Lardeur, constitue un fait de *brutalité*
grave, que les Citoyens Lefevre et Mancel, par un reste de
convenance, auraient voulu ne considérer que comme un
onbli regrettable de la part du Cit. Bianchi ; mais en pré-

sence de la déclaration des Cit. Jourdain et Ruin, ils se trouvent dans la nécessité de rendre au fait du 26 Juin, son véritable caractere.

Ils protestent de nouveau et avec énergie contre l'intention attribuée au Cit. Lardeur de faire de sa querelle personnelle une affaire entre les Sociétés la *Commune Révolutionnaire* et la *Révolution*.

Et quant à l'affaire en elle même, ils déclarent aux témoins du Cit Bianchi ; que de leurs dires mêmes, il résulte que le Cit. Bianchi, a, le 26 Juin dernier, commis envers le Cit. Lardeur un acte de *brutalité* grave, en lui donnant un soufflet.

Que, dans l'espece, Lardeur répondant à l'affirmation du Cit Bianchi, par ce mot *mensonge*, entendait simplement donner un démenti à l'assertion et non à la personne du Cit. Bianchi qui se trouvait des lors en dehors du débat. Que le Cit. Bianchi avait bien le droit de demander au Cit. Lardeur, des explications sur le séns qu'il voulait donner à son exclamation, mais qu'il n'avait aucunement le droit de lui donner un soufflet ; qu'en cet etat, le *soufflet* ayant été donné sans explication aucune, le Cit. Bianchi était le provocateur et les témoins du Cit. Lardeur entendaient maintenir leur droit d'insultés.

Ils ne pouvaient donc considérer la déclaration des Cit. Jourdain et Ruin que comme un déclinatoire dont ils n'avaient pas à tenir compte et ils déclaraient leur intention formelle de mettre le Cit. Bianchi en demeure, dans le cas où les Cit. Jourdain et Ruin persisteraient dans leur détermination, de choisir immédiatement d'autres témoins.

A cet effet, ils accordent au Citoyen Bianchi quarante huit heures, c'est-à-dire jusqu'à apres-demain, vendredi, huit Juillet courant, à midi, pour leur faire connaître les intentions et leur envoyer des témoins nouveaux. Passé ce temps, le Cit. Lardeur rentrera dans son droit de légitime défense et pourra se faire réparation par tous les moyens qu'il croira devoir employer.

Fait double le 6 Juillet, 1853, à Londres.

Ont signé { LEFEVRE, ALPH. RUIN,
E. MANCEL, G. JOURDAIN.

Procés-verbal de l'Entrevue du 8 Juillet a Midi.

Avant d'entendre ce qu'ils pouvaient avoir à leur dire de la part du Cit. Bianchi, les Cit. Lefevre et Mancel ont demandé aux Citoyens Jourdain et Ruin s'ils persistaient dans la résolution contenue dans la déclaration consignée au proces-verbal de l'entrevue du six courant.

Les Citoyens Ruin et Jourdain ont déclaré qu'ils y persistaient.

A la suite de cette déclaration, ils ont dit que le Cit. Bianchi leur avait continué sa confiance, qu'ils n'outrepassient pas leurs pouvoirs et que de plus, si dans quarante huit heures le Cit. Lardeur n'avait pas accepté les conditions que lui faisait la déclaration du 6 Juillet et n'avait pas renoué les négociations sur ce terrain, ils considereraient cette affaire comme completement terminée. (25)

Les Citoyens Lefevre et Mancel ont répondu qu'en présence de la déclaration du 6 courant, ils ne pouvaient qu'enregistrer purement et simplement le nouveau dire des Cit. Jourdain et Ruin. Les négociations étant interrompues, ils se réservent de faire connaître directement leur réponse au Cit. Bianchi.

Fait double à Londres le huit Juillet, 1853.

Ont signé { LEFEVRE, G. JOURDAIN,
E. MANCEL, ALPH. RUIN.

Déclaration des citoyens Lefebre Mancel,
du Juillet, 8, 1853.

Les citoyens Ruin et Jourdain s'étant retirés, les citoyens Lefevre et Mancel ont arrêté la déclaration suivante, pour être remise par eux au cit. Bianchi :

"La déclaration signée Jourdain et Ruin, sous la date du 6 courant, annexée au proces-verbal dudit jour, renverse, en faisant du jour la nuit, toutes les notions du juste et de l'injuste, car, prétendre qu'un soufflet donné n'est pas une offense grave qui mérite ou réparation ou répression, c'est prétendre quelque chose de monstrueux, et les citoyens Lefevre et Mancel se doivent à eux-mêmes, comme ils doi-

vent au citoyen Lardeur, de s'expliquer categorique-
ment sur la situation, en adressant leur protestation
motivée au Cit. Bianchi, avant de la livrer à la publicité.

"En fait, le 26 Juin 1853, au soir, le citoyen Bianchi,
dans le public-house des *Grappes*, sis à Londres, Old
Compton Street, a publiquement donné un soufflet au cit.
Lardeur, à la suite d'une exclamation qui s'adressait non à
Bianchi, mais à son assertion qu'il estimait mensongere.

En droit le Cit. Lardeur se devait à lui-même, il devait
à ses amis, il devait même à ses enfants, de faire respecter
son nom ; c'est là le but du cartel adressé par lui le, 3 Juillet
au Cit. Bianchi, et ce dernier, apres s'être rendu coupable
d'un pareil acte de *brutalité*, ne devait par aucun *faux-fuyant*
se dérober aux conséquences de son action.

Prétendre aujourd'hui que Lardeur qui a reçu le soufflet
est le provocateur et que Bianchi qui a donné le soufflet est
serait l'insulté, c'est renverser les notions les plus simples du
vrai et du faux, du juste et de l'injuste ; c'est prendre les
Citoyens Mancel et Lefevre, témoins du Cit. Lardeur pour
des *traitres* ou des *imbéciles*.

" Ajouter, après la déclaration du 6 courant , contenant
menace "d'interrompre les négociations, si les témoins du cit.
Lardeur ne consentaient à accorder pas Bianchi comme insulté, et dès lors, à lui reconnaître le *choix des armes*, que
Bianchi leur a continué sa confiance, qu'ils n'outrepassent
leurs pouvoirs, et que si, dans 48 heures, Lardeur ne se
déclare pas *provocateur* en se mettant à la discrétion de
Bianchi, ils considéreraient cette affaire comme complète-
ment terminée,—c'est vouloir rendre toute réparation impossible, en en faisant tomber la demande dans le domaine
du *ridicule*.

"En conséquence, les citoyens Mancel et Lefèvre, après
avoir mûrement réfléchi aux conséquences que pouvait
avoir leur déclaration, ont décidé . 1. Que leur présence
était désormais inutile, puisque à aucun prix, ils ne consentiraient à étayer de leurs signatures l'injustice men-
tionnée dans l'ultimatum de Bianchi ; 2. Que Lardeur,
après avoir, par tous les moyens à sa disposition, fait son
possible pour obtenir une *réparation* soit écrite, soit à main

armée, ainsi qu'il était en droit de l'exiger, et à laquelle l'honneur défendait au cit. Bianchi de se soustraire par aucun moyen dilatoire, ne ovait cependant pas rester sous le coup de l'insulte qui lui avait été faite.

" C'est pourquoi ils déclarent directement au cit. Bianchi, les négociations étant interrompues, ils se retirent ; que la responsabilité de cette retraite pèsera toute entiere aux yeux du public, sur ceux qui l'ont amenée ; et que le cit. Lardeur, rentré par ce fait, indépendant de leur volonté, dans plénitude de son droit d'insulté, pourra désormais, vu le cas de la légitime défense, se faire justice où et quand bon lui semblera et par tous les moyens qu'il croira devoir employer.

"Et, afin que le cit. Bianchi n'en ignore, ils décident également qu'ils se transporteraient chez lui pour lui re-mettre, s'il est présent, un double de la présente décla-ration ; et, en cas d'absence, le laisser à son domicile".

Fait à Londres, le 8 Juillet 1853.

Signé : E. MANCEL ; E. LEFEVRE.

— Cette energique declaration fut portee par mes deux temoins au domicile de mon adversaire, qui se trouvait absent a ce moment. Le lendemain matin, le facteur apportait au cit. Lefevre, l'un d'eux, un pli cachete, con-tenant et cette declaration et la lettre dont nous donnons plus loin la copie litterale.

REPONSE DE M. BIANCHI.

Rentrant hier chez moi, j'ai trouvé sur ma table de nuit un pli cacheté, que j'ai ouvert. Avant d'examiner le corps de la lettre j'ai jeté les yeux sur les noms des signataires, et j'ai vu Mancel et Lefevre. Or, comme je n'ai avec ces deux personnes aucune espece de relations directes, j'ai cru qu'il s'agissait de l'affaire Lardeur et j'ai refusé de prendre connaissance de la lettre en question.

Si je ne me trompe sur le contenu supposé de la missive Lefevre-Mancel, je rappelle à qui de droit, que mes deux témoins sont toujours les citoyens Jourdain et Ruin ; qu'ils possedent toute ma confiance. Dans cette situation, je ne recevrai de piece quelconque qu'apres qu'elle leur aura été

communiquée, qu'ils l'auront examinée et y auront répondu
à leur convenance.

Mes témoins me représentent entierement, et je n'ai ni la
volonté, ni le droit, de faire quoi que ce soit sans leur consentement.

Toute correspondance en dehors d'eux est donc inutile à
l'affaire dont il s'agit ; de plus, cette correspondance me
ferait perdre un temps plus ou moins utile que je préfere
employer autrement.

C'est pourquoi je renvoie, sans la lire, à ses auteurs la
lettre Mancel et Lefevre.

Londres, 9 Juillet 1853.

Signé : A. BIANCHI.

Un vieux brave que je rencontrai hier et a qui je
montraicette lettre, me dit qu'une semblable missive ne
pouvait émaner que d'un *polisson* qui voulait se susciter une
nouvelle affaire après avoir, par des moyens peu honorables,
évité de donner suite à la *premiere*.

NOTES.

1. On le voit, les pouvoirs donnés à mes témoins étaient explicites et catégoriques ; ils me liaient de telle sorte envers eux qu'une reculade de ma part eût été impossible, sans m'exposer à des conséquences fâcheuses, au contraire, ceux conférés par mon adversaire à Messieurs. Ruin et Jourdain, étaient tellement vagues et insignifiants, qu'il pouvait fort bien se refuser aux conditions arrêtées par eux. Mais à quoi bon de plus amples pouvoirs, puisque M. Bianchi était dès lors fermement résolu à n'accorder aucune espèce de réparation.

2. Le mot *nombreuses* est de trop, puisque, du temoignage même d'un membre de la *Commune Révolutionnaire*, qui s'est fait représenter cette fameuse liste où je me trouve inscrit, il y a trois ou quatre signatures avant mon nom

3. J'ai déjà dit que cette assertion est mensongere ; c'est en compagnie du Cit. Suin que je suis entré *aux grappes*, et non avec le Cit. Guillot qui y était arrive long temps avant moi.

4. Il est également faux que j'interpellai le cit. Lalle mand ; je ne fisque répondre à ses questions.

5. N'en déplaise à M. Bianchi, cette observation ne fut nullement faite ; mais c'est la moindre chose, une erreur de plus ou de moins importe peu à mon insulteur, il n'a pas l'habitude d'y regarder de si près.

6. Dans une autre entrevue, ces messieurs diront que je me tins debout les bras croisés.

7. J'ai dit en narrant les faits quels sont les autres citoyens qui m'accompagnèrent *aux grappes*. Quatre d'eutre eux font partie de la *Commune*.

8. On ne dira pas que mes témoins cherchassent à envenimer le débat. Ils veulent bien, par convenance, qualifier *oubli* une action que, dans toutes les langues, on nomme *brutalité.*

9. Cette nouvelle insulte, de la part de M. A. Bianchi, n'a rien qui doive étonner : il m'a vu calme, et il a attribué ce calme à la peur. Dés lors il a cru pouvoir, sans danger, se poser en brave, ce qu'il ne manque jamais de faire, quand de semblables occasions se présentent.

10. Mes témoins sont categoriques; ils demandent la réparation d'un soufflet, et on leur répond constamment *Commune Revolutionnaire*. C'est qu'on craint d'avouer tout d'abord ce que tout le monde savait fort bien, à savoir qu'on *reculait* et qu'on ne *voulait pas se battre*.

11. On ne peut décider mes témoins à m'abandonner : hommes de cœur, ils restent fideles au poste qu'ils m'avaient fait l'honneur d'accepter ; on cherche maintenant à gagner du temps par une *enquete*. C'est toujours la même ficelle, on la voit de loin.

12. Quoique novice en affaires de duel, j'ai le regret de me voir forcé de donner ici une petite leçon à M. A. Bianchi qu'on dit expert en cette matiere. Dans une affaire d'honneur un soufflet donné et non rendu, anéantit toute espèce de provocations antérieures. Mais encore une fois M. Bianchi s'inquiete fort peu des lois du duel, des l'instant qu'il peut parvenir à *sauver sa mise* sans paraître s'être *sauvé lui meme*.

13. MM. G. Jourdain et son honorable collègue paraissent me reprocher de n'avoir point risposté au soufflet de mon advérsaire. Je dois répéter, à eux, ce que j'ai dejà dit, durant la scène, à celui qu'ils représentent, je ne suis point habitué à me conduire en *crocheteur*. Je croyais d'ailleurs M. Bianchi un peu plus *brave* qu'il ne l'a montré dans toute cette affaire.

14 Encore une fois Mr. Bianchi n'a nullement dit ces mots *dans laquelle je compte des amis*. Ces paroles sont ajoutées après coup pour le bien de sa cause.

15 J'ai dit dans l'exposé des faits à quel moment ces mots ont éte proferes.

16 Qu'on le remarque, MM. Jourdain et Ruin, fidèles à leur mandat, avaient demande un delai de vingt-quatre heures pour eclairer leur religion ; ils'agissait de verifier

mes assertions concernant les Cit. Suin et Guillot. Le plus simple pour se renseigner convenablement eût ete de voir ces personnes. On n'en fit rien ; c'etait beaucoup plus court. D'ailleurs, il etait temps d'en finir. A bout d'ex-pedients, on etait force de lâcher le grand mot. nous etions le provocateur et Mr. Bianchi l'insulte. Partant le choix des armes etait du a ce dernier. C'etait le dernier acte de la comedie jouee par M. A. Bianchi et ses pacifiques re-presentants MM. Jourdain et Ruin. C'etait avouer enfin, clairement et sans detour, qu'on n'avait jamais ete dispose à se battre.

17 Decidement M. Bianchi et ses temoins veulent *mordicus* que j'aie fait partie de la *Commune Révolutionnaire.*

— Je vais enfin repondre à cette accusation. J'espere le faire d'une maniere péremptoire.

C'est malgre moi, je l'avoue que je me vois force d'entrer dans cette discussion, parce que je crains queles amis que je compte dans la *Commune Revolutionnaire* ne donnent à mes paroles un sens plus etendu que celui que celui que je veux leur donner moi-même, je le declare, je n'ai nullement l'intention d'attaquer la Commune je ne cherche qu'à me justifier des imputations de mon adversaire.

Je n'accusepas, je ne fais que me defendre.

Je suis arrive à Londres (apres mon expulsion de Bel-gique), le 9 8bre, 1852, en compagnie des Citoyens Guemony et Fisher, avec lesquels je m'embarquai à Ostende.

Je ne suis reste à Londres que 17 jours, c'est-à-dire jusqu'au 27 Octobre, jour auquel eut lieu mon depart pour l'Ile de Wight (*) d'où je ne suis de retour que depuis le 13 Mars dernier.

Je n'ai pas quitte Londres depuis cette derniere epoque et il y a pres de deux mois que je fais partie de la Societe la *Révolution.*

Cela etabli, si, ainsi que l'avancent MM. Ruin et

(*) Les Cit. Guillot, Cappe, Suin, Cledat, etc., etc., peuvent confirmer mon assertion.

Jourdain, j'ai assiste à des séances de la *Commune Révolutionnaire*, ce n'a pu être evidemment que durant les dix sept jours que j'ai passes à Londres avant mon depart pour l'Ile de Wight; car je ne crois qu'il puisse y avoir, même parmi mes adversaires, quelqu'un d'assez audacieux pour avancer qu'on m'ait vu à aucune des assemblees de la *Commune* dequis le 13 Mars jusqu'à ce jour, et il n'est pas probable que je sois revenu tout expres de Wight pour assister à aucune des seances qui ont eu lieu du 27 8bre 1852 au 13 Mars dernier.

Ce n'est donc evidemment que du 9 au 27 8bre qu'on a pu me voir à des assemblees de la societe à laquelle on veut que j'aie appartenu.

Or, si j'en crois la declaration de M. Jourdain, secretaire de la *Commune Révolutionnaire*, declaration ecrite de sa propre main et signee par lui et M. Ruin, c'est le 28 9bre 1852, c'est-à-dire, lorsque, depuis plus d'un mois dejà, j'habitais l'Ile de Wight, qu'eut lieu ma presentation à la *Commune* par la commission d'examen, et le vote de mon acceptation par cette societe.

Je ne sache pas d'abord que quiconque ait le droit d'assister aux seances d'une societe dans laquelle il n'est pas encore admis, surtout avant que la commission d'examen se soit prononcee sur la question de savoir si l'aspirant est digne ou non d'en faire partie.

Vous pretendez, messieurs, que j'ai paru à *des séances* d ela *Commune*, dites donc lesquelles, vous, surtout, M. le secretaire Jourdain, vous, qui avez en votre possession tousles proces-verbaux ; cherchez, fouillez, et si vous parvenez a me prouver ce que vous avez avance si legerement, je passerai condamnation. Mais vous ne sauriez le faire, je vous en porte le defi le plus formel. Sans vous en douter, vous vous êtes condamne vous-même.

Revenons a mon admission dans votre societe, alors que j'etai à cent milles de Londres, et cela depuis plus d'un mois, quel est celui d'entre vous qui m'en ait informe ? Qui m'a dit que je pouvais jouir de l'honneur de m'asseoir parmi vous?

Qui m'a convoqué depuis mon retour ?—Personne, pas

même vous M. le secrétaire G. Jourdain, et cependant, m'assure-t-on, *vous êtes payé pour faire cette besogne.*

Mon retour n'était un mystere pour personne ; j'avais rendu visite a mes amis, j'avais repris mes anciennes habitudes, et chaque jour on me voyait de coté et d'autre dans le quartier francais.

M. Bianchi le savait mieux que tout autre, puisque je m'étais présenté chez lui deux ou trois jours apres mon arrivée, pour réclamer des pieces que je le *prie en vain de me remettre depuis plus de six mois,*—ce qu'il refuse de faire, tantôt sous un prétexte, tantot sous un autre,—bien qu'il les ait recues des mains du secrétaire de la *Societe Fraternelle* daus laquelle j'avais été admis la veille même de mon départ pour Wight.

Mentais-je donc, Messieurs, en vous disant que je n'appartenais pas a votre Société, non, vous le saviez ; non, je disais la vérité, car cette admission, faite d'une maniere aussi irréguliere et a mon insu, n'avait pas eu lieu de mon consentement ni par suite d'aucune demande de ma part.

Mais, dit-on, votre nom se trouve sur une liste d'*adhesion* au programme de la Societé la *Commune*, et a nos yeux cela suffit, pour que nous vous considérions comme membre de la Société, quand même vous n'auriez assiste a aucune séance, quand même on vous aurait présenté et admis en votre absence, à votre insu et même contre votre volonté. Tel est le langage de l'entourage de M. Bianchi.

Mon nom, dites-vous, se trouve sur une liste ayant pour titre : *Adhesion au programme du quinze Aout et au Reglement.* Mais, Messieurs, si je ne me trompe, vous aviez dit ailleurs que j'avais signé le *programme*, maintenant vous dites que je n'ai signé qu'une liste ou feuille volante. Pour signer votre programme et votre reglement, il eut fallu que je les connusse ; or, je puis l'affirmer, je n'ai jamais rien su ni de l'un ni de l'autre, et, sans l'obligeance qu'a bien voulu avoir dernierement le cit. Cappe, l'un des fondateurs de la *Commune*, j'ignorerais encore, à l'heure qu'il est, qu'une clause de votre réglement porte expressément qu'apres deux absences successives aux assemblées, tout membre doit etre considéré démissionnaire et son nom rayé immédiatement, à moins qu'il n'ait au préalable justifié des motifs de ses absences.

Quant a ce nom auquel vous ajoutez tant d'importance. Voici pourquoi il se trouve sur une de vos listes :

Me trouvant un soir chez M. Bianchi, M. Ruin, alors membre de la commission de la Société Fraternelle, me présenta une liste sur laquelle il y avait trois ou quatre noms, je crois. Comme j'avais remis précédemment mes titres a M. Ruin afin qu'il me présentat a la Société Fraternelle, que je ne connaissais a cette époque que sous l'appellation de Société de Secours, je considérai cette liste comme émanant de cette Société et j'y mis mon nom—non ma signature—avec l'adresse chez M. Bianchi. Ce n'était ni un réglement, ni un programme, ainsi qu'on l'a aussi audacieusement avancé—mais une simple feuille volante.

Ce fait se passait du 11 au 15 Octobre 1852, c'est-a-dire dans les premiers jours de mon arrivée à Londres, et avant que j'eusse pu me trouver a même d'etre renseigné sur 'existence des diverses sociétés politiques, qui divisaient la proscription.—J'eus confiance, voila tout; arguer donc de ce nom pour prétendre que j'appartienne a la *Commune*— cela n'est rien moins que loyal.

Mais il est un fait beaucoup plus grave que tout ce que j'ai dit jusqu'a présent.

Lors de mon admission comme membre de la *Revolution*, je fus informé que je ne pouvais, aux termes des Statuts, faire partie en meme temps d'aucune autre Société, je m'empressai donc de donner ma démission de membre de la *Fraternelle*. Or, n'est-il pas évident que si j'eusse su appartenir a la *Commune*, je me fusse aussi fait un devoir de prier cette Société de vouloir bien me considérer comme démissionnaire. Cela tombe sous le bon sens et quoique disent M. Bianchi et ses amis, Ruin et Jourdain; —ils ne sauraient faire croire le contraire de ce qui est.

Je m'abstiens de répondre a l'affirmation du citoyen Bouliez : je me bornerai a dire que des motifs qui me sont personnels me forcent a récuser son témoignage.

17. Je me permettrai d'observer ici a M. Bianchi, que, quoique je n'allasse pas *aux Grappes* aussi souvent que lui, je m'y rendais cependant de temps en temps. Il peut se renseigner a cet égard auprès des citoyens Guillot, Cledat , etc., qui m'y ont vu plusieurs fois.

18. Je n'ai pas dit ces paroles, mais bien celles-ci : *"J'en appelle aux souvenirs de M. Bianchi."*

19. Ce citoyen a dit en présence des citoyens Louveau et Suin, que ceux qui l'accusaient d'avoir fait cette déclaration étaient des *menteurs.*—Avis a qui de droit.

20 Enfin le *grrrrand* mot est laché. On a osé le dire, oui, on a porté jusqu'a l'impudence et l'oubli de toutes les convenances. On a osé faire de la victime, le bourreau ! de provacateur—l'insulté. Cette déclaration, nous devons l'avouer cependant, n'a point été faite avant d'avoir essayé de tous les autres moyens, avant d'avoir employé tous les expédients possibles : — demande d'argent ; — démarches actives pour m'empecher de trouver des témoins, et pour engager à me refuser leur concours ceux que je m'etais adjoints en dernier lieu ;—demande d'enquête, afin de gagner du temps, etc., etc., tout avait été mis en œuvre avant d'arriver à dire : —*Vous etes le provocateur, donc à nous le choix des armes.* C'est qu'on savait tres bien que, dans notre langue, ces paroles n'avaient d'équivalentes que celles-ci :

> *Nous ne voulons pas nous battre !*
> ou   *Nous ne le voulons faire qu'a coup sûr.*

En effet, MM. G. Jourdain et Alphonse Ruin, vous ne sauriez sortir de ce dilemme—que votre inqualifiable prétention nous donne le droit de vous poser. A quoi bon, Messieurs, tant de verbiage pour arriver à dire ce que je savais fort bien d avance ? Pourquoi tant tourner autour du pot ?... Que ne nous avez dit cela tout d'abord, au lieu de chercher à nous amuser par vos semblants de bravoure.— C'est parce que vous vouliez cacher votre retraite,—c'est parce que, comptant sur les adhérents que tant de mensonges avaient réunis momentanément autour de votre *idole* vous vouliez donner le change à l'opinion publique et faire croire que vous étiez restés maîtres du champ de bataille. —Vous n'avez réussi qu'à une chose : a vous rendre ridicules, si pas plus. Voilà le fruit que vous retirerez de la comédie que vous avez si maladroitement jouée.

Mais pourquoi vouliez-vous le choix des armes? M. Bianchi va me répondre.—Je veux le choix des armes, dit-il, parce que je ne me bats volontiers qu'a l'arme blanche, le *sabre* ou mieux encore le *briquet* que j'affectionne tout particulierement.—Mais, monsieur, je n'ai de ma vie manié ni *sabre* ni *briquet*, et, a mon sens, en cette circonstance, le pistolet pourrait seul rendre égales les chances du combat.

— Je sais parfaitement, répond M. A. Bianchi, que vous ne savez ce que c'est qu'un *sabre* ou un *briquet*, le cit. Brouillard me l'a dit,—mais peu m'importe cela. Je ne veux que l'une de ces armes ; donc vous êtes le *provocateur*. Si vous n'acceptez pas, et j'aime mieux cela, nous ne nous battrons pas, et tout sera dit ; mais vous me laisserez me vanter de ma victoire ! D'un autre côté, si vous consentez à vous battre au *briquet* ce qui n'est guere probable, attendu qu'aucun honnête homme ne consentira à être votre témoin pour un duel de ce genre, ma victoire sera encore plus sûre.

Je vous tuerai par dessus le marché, et tout sera encore dit. Donc, vous êtes le *provocateur*, donc je *veux* avoir le choix des armes.

Voila pourquoi M. Bianchi avait chargé ses temoins de me déclarer le PROVOCATEUR.

21 J'ai ete poli j'avais le droit de dire a M. Bianchi *vous mentez*, je me suis contente de lui dire *mensonge* !

22 Je me bornerai a protester de nouveau avec energie contre l'ignoble pensee que me prête mon adversaire. Cette protestation part du fond de mon cœur ; elle sera entendue.

23 Cet attendu me paraît le plus curieux de tous. Je le recommande a l'appreciation de ceux de mes compatriotes plus experts que moi en affaires de duel.

24 M. Bianchi ne se contente pas de me declarer le provocateur, il reut encore que mes temoins repondent AMEN. Il menace même d'interrompre les negociations si

je refuse d'acceder a sa demande—decidement, MM. je crois que vous commencez a craindre que j'accepte vos armes.

25 Doucement, messieurs, cette affaire peut être consideree par vous comme *completement terminee* ; mais comme elle n'est pas *tres honorablement finie* pour votre client, il aura toujours le droit d'y revenir.

Je laisse a l'opinion publique le soin d'apprecier ! !

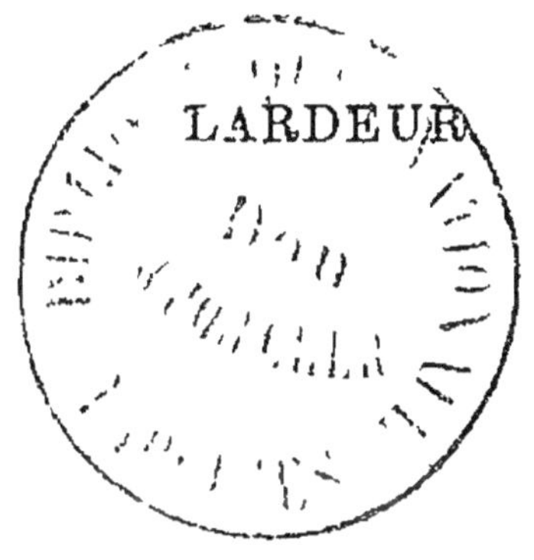